MIRANDA

SUR LA SITUATION ACTUELLE DE LA FRANCE,

ET SUR LES REMÈDES CONVENABLES A SES MAUX.

Sed ea animi elatio, quæ cernitur in periculis et laboribus, si justitia vacat, pugnatque non pro salute communi, sed pro suis commodis, in vitio est: non enim modo id virtutis non est, sed potius immanitatis, omnem humanitatem repellentis.
Cicer. offi. lib. I, cap. 19.

Ce courage qui se montre dans les périls et dans les travaux, est un vice, si la justice ne l'accompagne, si l'intérêt particulier et non le salut de la patrie, est le motif qui le fait agir. Alors bien loin d'être une vertu, c'est une férocité qui repousse tout sentiment humain.

LE premier devoir de tout bon citoyen est de venir au secours de la patrie en danger. Après les terribles secousses occasionnées par l'atroce tyrannie, et par l'anarchie, qui ont ébranlé la France, le seul espoir qui reste à la majorité de la nation et au grand nombre d'amis que la liberté compte parmi ses membres, c'est l'union intime des hommes vertueux et éclairés qui seuls par leurs lumières et leur énergie peuvent la sauver. Puisse la magnanimité de ceux qui comme moi ont été victimes du terrorisme, oublier ces outrages, et sacrifiant leurs ressentimens individuels à l'intérêt général, soutenir la la liberté si dangereusément menacée.

LA PAIX ET UN GOUVERNEMENT,

TEL EST L'OBJET DE TOUS LES VŒUX.

GOUVERNEMENT,

Jamais un pareil concours de volontés n'a exprimé si fortement le besoin d'un peuple entier.

Les évènemens malheureux de la révolution ont du moins produit ce bien; que l'intérêt public étant devenu le plus pressant intérêt de chaque membre du corps social, désormais aucun ne lui est étranger. Les personnes, les propriétés, ont été si constamment et si fort en butte aux violences *publiques* et *privées*, que les égoïstes les plus froids sentent vivement le besoin d'une autorité protectrice et d'une organisation de différens pouvoirs qui la composeront, telle que les citoyens n'ayent plus à craindre de l'arbitraire dans leur exercice.

Au fond, demander la paix, c'est vouloir un gouvernement, et réciproquement. Les puissances étrangères n'auront aucune confiance dans nos traités, tandis qu'une faction se substituant à l'autre, pourra annuller tout ce qu'elle aura fait. Ce n'est que par une sage division des pouvoirs qu'on parvient à donner de la stabilité à un gouvernement. Toutes les autorités contituées deviennent alors gardiennes les unes des autres; car elles sont toutes intéressées au maintien de la constitution, en vertu de laquelle elles existent; c'est pourquoi elles se liguent toutes contre quiconque voudroit attaquer l'une d'elles. Que si au contraire tous les pouvoirs sont concentrés en un seul corps, une portion de ce corps s'arrogera toujours l'autorité de la masse entière, et il suffira à une faction de diriger ses batteries contre cette portion *souveraine* de fait, pour opérer une révolution. Le 31 mai et le 9 thermidor ont laissé subsister la même Convention nationale, et cependant tous les deux ont changé la face de l'Etat. --- C'est que tous deux ont fait changer de main la puissance.

La tyrannie affreuse de Robespierre et de l'ancien comité de Salut Public, n'est due qu'à cette fatale confusion de pouvoirs; et l'on peut remarquer que la deflragation du brigandage et de l'assassinat, date de l'époque où la Convention, en transportant toute sa force au comité de Salut Public, fit entièrement évanouir le fantôme du pouvoir exécutif, qui quoiqu'asservi et dépendant des caprices du législateur, lui opposoit encore une foible barrière. On s'empara bientôt du pouvoir judiciaire que l'assemblée avoit déjà usurpé dans une grave circonstance. La Convention influencée par le Comité, dictoit les jugemens, ou les rendoit elle-même, et l'ombre de liberté civile et politique disparut alors de cette terre infortunée.

Six ans de révolution nous dispensent de chercher dans l'histoire des peuples, les maux produits par la confusion des pouvoirs; nous avons dépassé la mesure de tous les crimes et de tous les malheurs que les annales du monde nous aient transmis; et cela précisément parce que la Convention s'est arrogée une plénitude de puissance plus grande que celle dont aucun tyran ait jamais joui. Ils avoient tous été arrêtés par des usages, par les lois ou par la croyance du peuple qu'ils asservissoient. La Convention au contraire voulant tout changer, tout *révolutionner*, n'a rien respecté, n'a été arrêtée par aucune digue, ni retardée par aucun obstacle. Ce qui ne plioit pas elle le brisoit, ce qui s'élevoit contre elle, elle le foudroyoit.

« Les Lois étoient sans force et les droits confondus,
» Ou plutot en effet, l'État n'existoit plus. »

VOLT.

La révolution heureuse du 9 Thermidor vint dissiper le cahos; mais lorsque la lumière du jour éclaira tous les yeux, on s'apperçut avec effroi de l'étendue des maux et de l'insuffisance des remèdes. Les rapports de la société étoient déplacés, ses liens relâchés, la sûreté personnelle n'avoit plus de garantie, ni la propriété de base solide. Les sources des richesses nationales étoient taries, ses canaux obstrués, détournés ou rompus. L'Etat prenoit tout d'une main et dissipoit tout de l'autre. Tels sont les effets de la tyrannie, tel est le résultat de la confusion des pouvoirs.

Pour revenir aux principes dont on s'est si horriblement écarté, il convient donc de suivre une marche inverse; et puisque la tyrannie s'est arrogée tous les pouvoirs, il faut que la liberté les divise scrupuleusement, et rende désormais impossible cette monstrueuse confusion. Voilà le premier pas à faire pour le rétablissement de l'ordre.

Deux conditions sont essentielles pour l'indépendance absolue des pouvoirs. *La première*, que la source dont ils émanent soit *une; la seconde* qu'ils exercent tous les uns sur les autres une *surveillance réciproque*. Le peuple ne seroit pas *souverain*, si l'un des pouvoirs constitués qui le représentent, n'émanoit pas immédiatement de lui; et il n'y auroit pas d'indépendance, si l'un d'eux étoit le créateur de l'autre. Donnez au corps législatif par exemple, le droit de nommer les membres du pouvoir exécutif; il exercera sur eux une influence funeste, et la liberté politique n'existera plus. S'il nommoit les juges, il influenceroit les jugemens, et il n'y auroit point de liberté civile. C'est ainsi qu'en Angleterre, où le pouvoir exécutif exerce une influence marquée sur le législatif, la liberté politique est considérablement diminuée. Le pouvoir judiciaire quoiqu'élu par l'exécutif, est à l'abri de sa fatale influence; parce que le peuple compose le *jury* et que les juges sont inamovibles; aussi la liberté civile n'a-t-elle encore reçû presqu'aucune atteinte.

Le pouvoir exécutif seul a des agens pour exercer les fonctions qui lui sont confiées ; par conséquent ils doivent être à sa nomination. Celles des deux autres pouvoirs n'étant pas de nature à être déléguées, il est de leur essence de n'avoir la nomination d'aucune place. Il seroit absurde de prétendre que l'assemblée législative doit nommer les commissaires de la trésorerie, puisque la gestion des deniers de l'Etat, étant une fonction purement administrative, elle appartient de droit au pouvoir exécuteur, ou à des agens nommés par lui et sous sa plus stricte responsabilité.

Depuis plus d'un siècle l'Angleterre confie sans aucun inconvénient au pouvoir exécutif le droit d'administrer les deniers provenans des contributions publiques ; et malgré que la couronne ait souvent abusé de sa liste civile pour se faire des créatures dans le parlement, cependant les fonds de l'Etat n'ont jamais été mal administrés. C'est encore le pouvoir exécutif que les Américains ont chargé de cette fonction, et Hamilton, nommé par le président des Etats-Unis, s'est trouvé un ministre non moins intègre qu'un habile administrateur. Ses opérations et ses talens ont tellement rétabli le crédit public, que le papier monnoie Américain déprécié à l'époque de la paix au point de ne valoir que dix pour cent, vaut depuis la constitution actuelle jusqu'à cent vingt-sept pour cent ; phénomène qui surprend tous ceux qui s'arrêtent toujours aux effets sans considérer les causes. Au surplus, un troisième pouvoir ne feroit qu'entraver inutilement la machine.

Les pouvoirs doivent se surveiller et se contenir réci-

proquement

proquement. Il ne faut pas attribuer cette surveillance à l'un d'eux, exclusivement aux deux autres, puisqu'ils sont tous nommés par le souverain. La confiance que celui-ci a placée en tous, étant *égale* ; pourquoi supposeroit-on qu'un seul est infaillible et incorruptible, et les deux autres, sujets à l'erreur et à la corruption ? Tel est cependant le système de ceux qui font du corps législatif le surveillant né de l'exécutif, et qui ne donnent à celui-ci aucun droit d'inspection sur le législatif. On oublie ainsi que les trois pouvoirs sont comme des sentinelles avancées pour veiller à la sûreté de l'Etat, et que si l'une d'elles s'écarte de ses fonctions, le devoir des deux autres est de donner l'éveil, pour que le peuple averti pourvoie à son salut. Il n'est pas vraisemblable que trois pouvoirs indépendans et jaloux, se réunissent jamais pour trahir les intérêts du souverain ; et c'est sur cette probabilité morale qu'est fondée la sécurité du citoyen à l'égard de la liberté *civile* et *politique*.

Sans doute un législateur est inviolable pour ses opinions. Il n'y auroit point de liberté chez une nation, où un membre de la législature pourroit-être recherché, pour ce qu'il auroit dit ou écrit dans l'exercice de ses fonctions.

Mais s'ensuit-il delà que le pouvoir exécutif ne devroit pas dénoncer au peuple entier les entreprises du corps législatif qui voudroit empiéter sur les fonctions d'exécution, et compromettre par-là la liberté *politique*. Je ne le crois pas, et il difficile de défendre cette étrange théorie.

La force du pouvoir exécutif doit être en raison directe composée de la liberté du peuple et du nombre des citoyens. Tous les politiques se sont accordés à dire, que plus une nation est nombreuse et plus le pouvoir chargé de l'exécution des lois, doit être fort; mais ils n'ont pas vu la nécessité de lui donner plus de vigueur, à mesure que les citoyens jouissoient d'une plus grande latitude dans l'exercice de leur liberté. Il est cependant une vérité évidente par elle-même; savoir: que l'activité des hommes s'accroit en raison de leur liberté civile, et qu'il faut par conséquent une plus grande somme de forces repressives pour empêcher leurs écarts. Chez les peuples libres le citoyen agit énergiquement par lui-même; il peut faire tout ce qui ne viole pas le droit d'autrui; c'est pourquoi il faut une grande force de repression, pour qu'il n'outre-passe jamais cette barrière.

La France voulant être la plus libre et la plus nombreuse des Républiques qui ayent encore existé, il faut lui donner le plus vigoureux et le plus ferme des gouvernemens, si on ne veut pas qu'il soit sur le champ culbuté par l'action destructrice que le peuple exercera continuellement sur lui.

Il résulte de cette vérité que le pouvoir exécutif de la République Française ne sauroit être composé d'un grand nombre de membres; car, comme l'a remarqué Rousseau: *La force d'un gouvernement quelconque est en raison inverse du nombre des gouvernans.* Pour répondre à ceux qui croient à la nécessité indispensable de talens extraordinaires dans les personnes chargées de cette fonction importante, nous observerons ici que ce n'est pas tant le génie et les talens éminens que lon doit regarder comme les qualités les plus essentielles aux membres du pouvoir exécuteur, que la sagesse et la justice. Le président des Etats-Unis d'Amérique, que je connois personnellement, n'a pas obtenu la confiance de ses concitoyens par des qualités brillantes qu'il n'a pas, mais par la justesse de son esprit et la droiture de ses intentions. C'est cette justesse qui lui a dicté le choix des coopérateurs les plus habiles et les plus éclairés qui ont si efficacement servi à consolider la liberté et le bonheur de son pays.

Un ou *deux* hommes de bien à la tête du pouvoir exécutif, qui désireroient ardemment le bonheur de la nation et qui s'entoureroient de six ministres qui eussent en partage les talens et le gènie, auroient tout ce qu'il faut pour exercer leurs fonctions et pour coopérer efficacement à l'établissement solide de la liberté et du bonheur du peuple Français.

Il ne faudroit pas non plus qu'une seule branche de la représentation, eût exclusivement l'initiative dans les loix, et que l'autre en fut privée. Si on vouloit absolument adopter un tel systême, ce seroit plutôt au sénat ou conseil des anciens, qu'on devroit accorder cette prérogative, comme à un corps plus mûri par l'age, l'expérience des affaires et l'instruction, que la chambre ou conseil des cinq ans, à qui l'on ne suppose pas toutes ces qualités. A Athènes le sénat seul proposoit les loix, et l'assemblée du peuple les adoptoit ou les rejettoit.

En Amérique le sénat jouit des mêmes droits que la chambre des représentans qui, à l'imitation des communes d'Angleterre, a le droit exclusif de proposer seulement les money-bills, ou loix sur les contributions. Encore cette exception excellente dans un gouverne- mixte, tel que celui de l'Angleterre, paroît superflue dans une République démocratique comme les Etats-Unis, où l'on n'a pas à craindre les surcharges qui pourroient être imposées au peuple par un corps aristocratique. Ainsi il me paroît beaucoup plus conforme aux principes de la démocratie que ces deux chambres representent, et á l'utilité qui doit en résulter dans la confection générale des loix, qu'elles ayent le droit réciproque de les proposer ou de les sanctionner mutuellement. (1)

---

(1) On est surpris en parcourant le titre de l'Etat des citoyens dans le projet d'acte constitutionnel, de ce que le service dans les armées de terre ou de mer de la République ne suffise pas pour donner à un étranger le droit de cité, tandis que tout homme qui aura vécu sept ans sur le sol Français, devient citoyen, sans qu'on exige de lui aucun service. Cependant si l'on peut donner une preuve éclatante et irrécusable d'attachement à la cause de la liberté, c'est bien celle de prendre spontanément les armes pour sa defense; et c'est ce que fait l'étranger qui se bat pour la République. Si un national qui a servi dans les armées est dispensé de toutes les autres qualités requises pour avoir celle de citoyen Français, à combien plus forte raison cette disposition doit-elle s'appliquer à celui qui se dévoue volontairement à un ser-

PAIX.

La confiance que les puissances étrangères auront dans notre nouveau gouvernement, sera le plus sûr moyen d'ouvrir des conférences, qui donnent enfin la paix à l'Europe, et la tranquillité à l'Etat. Mais il faut s'empresser de proclamer hautement les principes de modération et de justice qui guideront désormais la nation française devenue libre. La justice affermit les Etats; il se forme naturellement une ligue contre les peuples usurpateurs, comme les citoyens d'un même pays se liguent contre celui qui veut leur ravir leurs droits. La gloire des conquêtes n'est pas digne d'une République fondée sur le respect dû aux droits de l'homme, et aux sublimes maximes de la philosophie Les César, les Alexandre et leurs semblables, y seroient des citoyens dangereux; le philosophe paisible, le magistrat intègre sont des hommes bien plus nécessaires pour elle, car ils la servent dans tous les temps.

L'étendue de la France lui offre des moyens plus que suffisans pour défendre sa liberté et son indépendance. De nouvelles acquisions ne feroient qu'aug-

---

vice, auquel le nâtif du pays est tenu par ses devoirs? L'Angleterre, de tous les pays libres le plus avare à accorder la naturalisation, la donne cependant à tout étranger qui sert pendant trois ans dans les escadres de mer, ou pendant deux ans seulement dans les troupes de ses colonies, et cela même en temps de paix. Les loix refusent ce droit à tout autre titre, à moins qu'on n'obtienne un bill spécial de naturalisation.

Digest. Angl. vol. II, page 239 et 240. Lond. 1791.

menter les embarras du gouvernement, déjà très-compliqué, dans un pays aussi vaste et qui veut une forme démocratique de gouvernement. (1) Elles exciteroient contre elle, sans aucun profit, la jalousie de tous ses voisins.

Désavouer formellement toutes les prétentions exagérées que le Décemvirat présentoit comme le vœu national ; déclarer que la France se renfermera dans ses anciennes limites, en y ajoutant quelques places de guerre qui rendront notre frontière sûre et à l'abri

---

(1) La véritable gloire d'un peuple libre, consiste dans son bonheur et sa sûreté, et non pas dans la vaine gloire des conquêtes. --- Voici ce que Rousseau dit à ce sujet.

« Grandeur des nations ! étendue des Etats ! première » et principale source des malheurs du genre humain et » sur-tout des calamités sans nombre qui minent et détruisent les peuples policés. Presque tous les petits Etats, » Républiques et Monarchies indifféremment, prospèrent » par cela seul qu'ils sont petits, que tous les citoyens » s'y connoissent mutuellement et s'entre-gardent, que » les chefs peuvent voir par eux-mêmes le mal qui se » fait, le bien qu'ils ont à faire, et que leurs ordres » s'exécutent sous leurs yeux. Tous les grands peuples » écrasés par leurs propres masses, gémissent, ou comme » vous, dans l'anarchie, ou sous les oppresseurs subalternes qu'une gradation nécessaire force de leur donner. » Il n'y a que Dieu qui puisse gouverner le monde, et » il faudroit des facultés plus qu'humaines pour gouverner » de grandes nations. »

de toute insulte. Telles doivent être les premières opérations diplomatiques du nouveau gouvernement de la République Française ; et comme sa maxime est de ne pas permettre qu'aucune puissance s'immisce dans son régime intérieur, elle aura pour principe aussi de ne se pas mêler de celui des autres peuples.

Luxembourg, Mons, Tournay, Nieuport, Kaisers-Lantern, Germesheim, et quelques autres places situées sur cette ligne de défense, rendront notre frontière bien autrement défendable, que si nous l'étendions jusqu'aux rives du Rhin. Les Alpes, les Pyrennées et les mers doivent être ailleurs les limites de la France, en prenant toujours dans les montagnes le pendant des eaux, pour ligne de démarcation (1), tous les peuples qui seront entre nos frontières et jusqu'aux bords du Rhin, doivent être déclarés libres et indépendans, amis et alliés du peuple Français. Ils formeront, pour ainsi dire, une double enceinte inaccessible aux attaques imprévues de nos ennemis ; et leur indépendance étant garantie par la France, ainsi que par toutes les autres puissances belligerantes, leur tranquillité sera assurée. Alors sous la protection de la France, bientôt la liberté (comme jadis en Hollande)

(1) Ceux qui voudront se convaincre mathématiquement de la force, de l'excellence et de la bonté militairement parlant des frontières de la France, telles que je viens de les indiquer, pourront consulter Loyd dans son troisième volume, partie cinquième, London 1781.

produira un changement étonnant dans le bonheur et la prospérité de ces peuples simples et industrieux.

On stipulera aussi une indemnité équitable en faveur des souverains qui ont des pnssessions en-deça du Rhin et qui seront indemnisés par les trois Electorats de Mayence, de Cologne et de Trèves, qui leur céderont en échange le territoire appartenant à eux sur la rive droite du Rhin. Ces trois Electorats supprimés de fait, ne feront plus partie du collège de l'Empire. ——Mais comme il n'est pas juste qu'aucun individu soit lésé dans la jouissance de ses droits, autant que cela est compatible avec l'intérêt général, on accordera aux trois Electeurs un revenu suffisant pour vivre avec aisance et dignité le reste de leurs jours.

La navigation libre des fleuves, étant un droit imprescriptible que la natture donne aux habitans des pays qu'ils arrosent, celle de la Lis, de la Sambre, de la Meuse, de l'Escaut, de la Moselle et du Rhin, sera commune à la France et à tous les peuples qui auront des possessions le long de ces fleuves. Ils pourront naviguer librement jusqu'à l'embouchure de l'Océan.

Mais comme l'ouverture de l'Escaut doit rendre à Anvers son ancienne splendeur, et attirer à elle le commerce et les richesses d'Amsterdam et d'autres villes Hollandaises; la nation Française qui ne veut pas nuire aux intérêts de ses alliés, feroit bien de céder aux Bataves une partie du Marquisat d'Anvers en échange de la partie Hollandaise de la Flandre maritime, que les traités ont déjà réunis à la Belgique.

Cet

Cet échange conciliera les intérêts des deux peuples à qui il est également avantageux.

Pour ce qui regarde nos colonies, la France ne pouvant pas se passer de leurs produits sur lesquels sont fondées absolument ses manufactures et son commerce, nous offrirons quelques-unes de nos iles moins importantes pour la partie espagnole de Saint-Domingue et pour celle de Puerto-Rico, qui nous seront cédées en échange des places fortes et du territoire que nous possédons actuellement en Espagne. Par cette disposition seule on pourroit dédommager nos malheureux colons des pertes innombrables que la tyrannie leur a fait essuyer. La cession de ces deux possessions doit être d'autant moins couteuse à l'Espagne qu'elle ne tire aucun profit de ces deux îles, et qu'au contraire l'entretien des garnisons et autres dépenses coutent considérablement à l'Etat, par le manque de commerce ou de toute autre industrie. On donneroit par-là des possessions à ceux de nos frères que l'égarement d'un moment, ou la crainte d'une atroce persécution a fait quitter leur pays, et qui n'ayant jamais porté les armes contre leur patrie, explent, par de longs malheurs, une erreur momentanée. On éviteroit par cette conduite les funestes effets que Louis XIV, par la révocation de l'édit de Nantes, fit éprouver à la France entière, en forçant d'émigrer chez l'étranger une foule d'hommes industrieux, dont le travail enrichissoit leur pays natal, qui se ressent encore de leur perte.

Une paix fondée sur de telles bases, répareroit en quelque sorte les torts que les Français ont commis envers l'humanité. Elle anéantiroit les funestes effets du fameux traité de Westphalie, et donneroit à la partie protestante de l'Allemagne l'influence qu'elle auroit dû toujours avoir par son instruction, sa philosophie et son attachement aux vrais principes de la liberté. Enfin le résultat de cette guerre seroit aussi profitable au genre humain que celui de toutes les autres lui a été fatal.

Tunc genus humanum positis sibi consulat armis
Inque vicem gens omnis amet.

VIRG.

Le sort actuel de la Pologne ne doit pas être un objet indifférent pour la France, son existence politique tient plus à ses intérêts qu'on ne le croit communément.——D'ailleurs elle s'est courageusement battue pour la noble cause de la liberté, animée par la France elle entreprit, en même tems dans le Nord, une diversion en sa faveur. L'alliance que la Russie, l'Autriche et l'Angleterre viennent de contracter, ainsi que la conduite de la Prusse à l'égard de la malheureuse Pologne, annonçant des desseins profonds et bien dangereux pour la France; il seroit très-important de les examiner attentivement et de les prévenir à tems.

Combien la France se rendroit respectable le jour, où se dépouillant de presque toutes ses conquêtes, elle stipuleroit pour l'humanité et prépareroit les voies à la propagation de la *saine liberté*. Français, ce beau sort vous est encore réservé ; remplissez vos hautes destinées ; la postérité pèsera un jour les forfaits dont on vous a rendus coupables, et le bien que cette paix produira aux hommes, elle vous absoudra de vos crimes, en faveur de vos bienfaits.

Les puissances intéressées à ce grand changement formeroient un congrès pour la ratification et l'arrangement de ces grands intérêts qui devant lier la plus grande partie du monde, serviront de base pour ainsi dire à son bonheur futur. Là vous jouiriez par votre sagesse, votre modération et votre justice d'une plus haute considération que celle que vos exploits guerriers et la fortune précaire des armes vous ont acquise.

Après avoir étonné l'Europe entière par votre courage, vous la captiverez par votre équité, et vous prouverez aux peuples que vous n'avez combattu que pour la défense de votre liberté, puisque dès-qu'elle n'est plus en danger, vous déposez généreusement les armes sans demander même de plus grands dédommagemens, que vous paroîtriez être en droit d'exiger de la part de ceux qui vous ont attaqués avec tant d'injustice, sans avoir eu dans l'origine des motifs de plainte à alléguer contre vous.

FINANCES.

Un des maux les plus affreux qui affligent aujourd'hui la nation Française, est le discrédit énorme du papier-monnoie. Tous les systêmes qu'on pourroit imaginer pour rapprocher la valeur nominale de ce papier, de sa valeur réelle, seront illusoires, tant qu'un gouvernement stable n'aura pas été définitivement établi. On auroit beau faire la paix avec toutes les puissances de l'Europe, le papier national n'auroit pas sa valeur, si on ne donnoit pas assez de solidité au gouvernement. Nous nous trouvons dans une situation semblable, à plusieurs égards, à celle où étoient les Etats-Unis d'Amérique à la fin de leur révolution.

Le papier du congrès étoit alors dans le même discrédit que le nôtre; et ce ne fut pas certainement le traité de paix et d'indépendance qui lui donna sa valeur, mais la constitution définitive qui assura à ce peuple le plus grand degré de liberté et de bonheur dont aucune nation ait encore joui. Les mêmes causes produiront chez nous infailliblement les mêmes effets. Une constitution sage et fondée sur les principes de la philosophie et de la justice; un gouvernement à l'abri de l'atteinte des factions, regagnera la confiance et acquerra le crédit qui lui est nécessaire.

Ce n'est pas la nation la plus riche qui inspire une plus grande confiance, mais la plus juste et la plus attachée aux principes. On étale en vain des ressources pompeuses, si l'on ne prouve pas qu'avec la faculté de satisfaire ses créanciers, on a encore la volonté ferme de remplir ponctuellement ses engagemens. La mauvaise foi fait plus de tort que l'insolvabilité; car un Etat pauvre peut devenir solvable; mais il n'est pas ordinaire qu'un gouvernement injuste devienne observateur de ses promesses.

Le crédit d'un Etat, comme celui d'un particulier,

est fondé sur les moyens de faire face à ses engagemens, au pouvoir de celui qui contracte, et sur l'opinion qu'on a de lui. Les élémens du crédit sont donc la *solvabilité* et la *bonne foi*. Mais ni l'une ni l'autre ne peuvent être assurées, tant que l'Etat n'a pas pris une assiette fixe et invariable, c'es-à-dire, tant que le gouvernement n'est pas irrévocablement constitué.

A mesure qu'il entre moins d'arbitraire dans un gouvernement, la confiance de la part de ceux qui contractent avec lui, est plus entière, parce qu'on sait qu'il est dans l'impuissance de vouloir manquer à ses promesses. C'est ce qui a rendu le papier-monnoie de l'Amérique Septentrionale, préférable à celui de tous les autres pays; et c'est aussi ce qui établit le crédit de celui de l'Angleterre.

Sans entrer dans les détails compliqués du plan présenté par Hamilton au gouvernement Américain, et perfectionné par les amendemens qu'y ajouta le congrès, je vais exposer sommairement les bases de cette excellente opération.

Hamilton commence par déclarer que la foi de la nation s'engage à payer cette dette, et que la justice exige qu'elle remplisse fidellement ses engagemens; il donne après un état de la somme totale du capital de la dette consolidée, qu'il porte sur le grand livre de la trésorerie des Etats-Unis. Il proposa en même-tems aux créanciers l'échange de la valeur numérique leur papier dans les termes les plus avantageux pour eux, c'est-à-dire, que la plus grande partie de la dette porta un intérêt de six pour cent par an, et le reste un intérêt moindre, de sorte que le taux moyen fut de quatre et demi pour cent. —— En même-tems il fit voir que les revenus de l'Etat excédoient cet intérêt promis, et il tranquillisa ainsi les financiers sur leur paiement. Ils eurent encore la liberté d'échanger leurs capitaux contre le crédit porté sur le grand livre de l'Etat, selon la valeur fixée antérieurement par les loix des Etats, ou de les garder pour être payés selon les engagemens précédents, aussitôt que l'Etat qui n'avoit pas encore les sommes suffisantes pour effectuer sur-le-champ ces paiemens pourroit le faire. Il est bien remarquable que du moment où l'on fut persuadé que la nation avoit des moyens pour payer ponctuellement et assurer à chaque créancier un si haut intérêt, il n'y eût presque personne qui n'acceptât l'échange ; et tout-à-coup, comme par enchantement, ces mêmes dettes qui étoient réduits, comme nous l'avons dit ci-dessus, à dix pour cent, montèrent quelques semaines après, à cent vingt-sept pour cent, ce qui prouve démonstrativement que la bonnefoi et la sagesse dans l'administration d'un Etat, sont des garans plus sûrs du crédit public, que ses richesses et sa grandeur. (1)

Le retour de la paix, l'établissement d'un gouvernement libre et vigoureux, et du crédit public, tou-

(1) Ceux qui voudront voir plus en détail ce que nous venons de dire, pourront consulter le plan publié par le congrès, l'année 1787.

vriront les sources du bonheur de notre pays ; et la France bénira les hommes qui, après tant de crimes et de malheurs, auront trouvé la solution de ce problême difficile : *allier la liberté d'un peuple avec le calme et la tranquillité.*

Puissent ces courtes réflexicons appeller l'attention des hommes instruits, sur ces importantes matières ; afin, qu'approfondissant mieux ces principes, et développant leurs idées sur la constitution convenable à la France, ils parviennent à procurer la paix et la tranquilité dont elle a besoin pour consolider sa *liberté*, et établir ainsi le bonheur *futur* d'une nation immense qui, par ses connoissances, par son goût et son industrie, a toujours eu une grande influence sur tous les autres peuples, et doit par conséquent influer sur le bonheur du genre humain.

» *Tu*, Galle, *exemplo populos moderare memento.* »

F. MIRANDA.

A Paris [illegible], an troisième de la République française.

www.ingramcontent.com/pod-product-compliance
Lightning Source LLC
LaVergne TN
LVHW020457230826
846091LV00008BA/3259

* 9 7 8 2 0 1 3 5 8 1 6 4 6 *